AF384537

6ᵉ Vente **VIGNÈRES** (Nº 40)

PORTRAITS

ANCIENS ET MODERNES

ŒUVRE DE QUÉNÉDEY

ET

PORTRAITS EN LOTS

VENTE

HOTEL DROUOT — SALLE Nº 4

Le Mercredi 22 Avril 1885

A UNE HEURE ET DEMIE

Mᵉ Maurice **DELESTRE** | M. **DUPONT** aîné
COMMISSᵉ-PRISEUR | MARCHAND D'ESTAMPES
Rue Drouot, nº 27 | Rue de Seine, nº 21

PARIS — 1885

CATALOGUE

DE

PORTRAITS

ANCIENS ET MODERNES

PAR

Bertonnier, Delvaux, Devéria, Dien
Henriquel-Dupont, Isabey, Langlois, Mercury, Roger
Saint-Aubin, Tardieu, etc.

ŒUVRE DE QUÉNÉDEY

NOMBREUX LOTS

DE

PORTRAITS GRAVÉS ET LITHOGRAPHIÉS

6ᵉ VENTE

Par suite du décès de M. VIGNÈRES

MARCHAND D'ESTAMPES

HOTEL DES COMMISSAIRES-PRISEURS

RUE DROUOT, 9, SALLE Nº 4

Le Mercredi 22 Avril 1885

A UNE HEURE ET DEMIE

Par le ministère de Mᵉ **MAURICE DELESTRE**, Commissaire-Priseur,
rue Drouot, 27,
Assisté de **M. DUPONT** aîné, Marchand d'Estampes,
rue de Seine, 21.

PARIS — 1885

CONDITIONS DE LA VENTE

———

Elle sera faite au comptant.

Les Acquéreurs paieront CINQ POUR CENT, en sus des enchères, applicables aux frais.

M. DUPONT, chargé de la vente, se réserve la faculté de réunir ou de diviser les lots.

————

L'ordre du Catalogue sera suivi.

———

Mme VIGNÈRES continue de vendre les Portraits qui lui sont demandés.

S'ADRESSER RUE DE LA MONNAIE, 21, A L'ENTRESOL

Les Lundis, Mercredis et Vendredis, de 10 heures à 5 heures

DÉSIGNATION

PORTRAITS

1 **Alix**. Kléber. — Bernadotte. — Le général Auber-
Dubayet. — Letourneur, membre du Directoire, gr.
in-fol. 4 portraits en pied, belles ép.

2 **Audouin** et **Bertonnier**. Portraits de Mme Saint-
Aubin, Mme Boulanger, Elleviou, Lavigne, Martin.
5 p.

3 **Baugniet**. Portraits de F. Bouchot, Dantan jeune,
Masini, Alph. Royer, H. Sébron, lithogr. grand in-
fol. 5 p.

4 **Beisson** (Et.). Jean-Paul Marat, d'après Boze, avant
la lettre. — Mirabeau en pied, d'après le même
2 p., toute marge.

5 **Bergeret**. Portrait d'André del Sarte. 3 p. en états
différents.

6 **Bertonnier**. Portrait de Molière, pour la suite des
figures de Desenne, in-18. Epreuve avant la lettre
sur chine, toute marge.

7 — Legouvé, d'après Chasselat, 5 ép. dont deux avant
la lettre et une à l'état d'eau-forte.

8 **Bertonnier**. Portraits de Buffon, Cervantès, Mme Cottin, Descartes, Francklin, La Fontaine, Mlle Mars, etc. In-12. 24 p. avant la lettre sur chine et sur blanc.

9 — Portraits de Azaïs, le duc de Choiseul, Descartes, La Rochefoucauld, Malfillâtre, Massillon, Pierre le Grand, Scarron, etc. In-8. 17 p. avant la lettre, la plupart sur chine.

10 — Portraits de Marie-Antoinette, le duc de Berry, Henriette d'Angleterre, Anne de Gonzague, le duc de Bourgogne, Massillon, etc., tirés des Oraisons funèbres. 12 p., dont neuf lettres grises.

11 **Boilly** (D'ap.). Réunion d'artistes, par A. Clément. Très belle ép.; avec le trait explicatif.

12 **Briceau**. (Aug., femme Allais). Portrait de Mirabeau. Belle ép. en couleur,

13 **Calamatta**. Mme Lina Bonaparte à mi-corps. 4 épreuves d'essai à différents degrés d'avancement.

14 — Masque de Napoléon.—Paganini, d'après Ingres. — Raoul Rochette. 3 p., belles ép.

15 — Le duc d'Orléans, d'après Ingres. — Le comte Cavour, avant la lettre. 2 p., belles ép. sur chine.

16 — Portrait de Rubens. 3 ép. avant la lettre, dont 2 non terminées.

17 **Cardon** (Ant.). Angelica Catalani, en pied, d'après Clara Maria Pope. Très belle ép.

18 **Cernel** (Mme de). Pierre d'Aubusson. — Villiers de l'Ile-Adam, d'après Sergent. 2 p. en couleur, toute marge.

19 **Charon.** Molière annonçant la défense du Tartufe, _ *38 -o*
d'après Bouchot. — Fénelon secourant les blessés.
— La Fontaine au Cours-la-Reine. — Racine faisant
la lecture à Louis XIV. — Turenne dans les dunes,
devant Dunkerque. — Voltaire à la Bastille. — Cam-
bronne. — Poniatowski, etc., d'après Bouchot et
Aubry, in-fol. 17. p., belles ép.

20 **Chenay** (P.). Balzac. — Benoît Fould. 2 p. avant _ *5 -"*
lettre, dont une sur chine.

21 **Chéreau** et **Surugue**. Math. Fr. Geoffroy. — Et. _ *6 -o*
Fr. Geoffroy, d'après Largillière. 2 p., très belles ép.,
toute marge.

22 **Chevillet**. Nataniel Greene, major-général des ar- _ *6 -fo*
mées américaines. Belle ép., toute marge.

23 — Louis-Philippe d'Orléans, duc de Chartres. Belle _ *2 -"*
ép., toute marge.

24 **Cochin** (D'ap.). Ph. Le Bas, graveur, in-4. Ep. avant _ *4 -fo*
toutes lettres snr papier vélin.

25 **Coqueret** et **Marchand.** Portraits des généraux _ *17 -o*
Berthier, Beurnonville, Joubert, Jourdan, Kilmaine,
Schérer, en pied, d'après Mlle Boze et Hilaire Le Dru,
grand in-fol. 7 p. dont une avant la lettre, toute
marge.

26 **Couché.** Couronnement de Voltaire sur la scène du _ *6 -"*
Théâtre-Français. — Translation des cendres de
Voltaire au Panthéon. Réductions in-8. 4 p. avant la
lettre, dont deux à l'eau-forte pure, toute marge.

27 **Crépy le Prince.** Portraits divers lithographiés. _ *2 fo*
17 p.

28 **Croisier** (Mlle). Claude Fauchet, évêque du Cal vados. Belle ép., grande marge.

29 **Denon.** Barrère à la tribune. In-fol. Ép. avant la lettre, toute marge.

30 **De Frey.** Portraits gravés à l'eau-forte. 9 p.

31 **Delvaux.** Portraits d'Andrieux, Bacon, Mme Du Châtelet, Gilbert, Haüy, Robertson, J.-B. Rousseau, Sonnini, Le Tasse. 10 p. avant la lettre.

32 — Frontispices avec buste de J.-J. Rousseau, d'après Monnet et Le Mire. 5 p.

33 — Portrait de Mme Duret Saint-Aubin. Très belle ép., tirée hors texte.

34 — Petits Portraits de classiques tirés de l'édition Cazin. 49 p.; belles ép.

35 — Portraits divers, in-8 et in-12. 33 p.

36 — Portraits de Femmes célèbres, in-12. 38 p. avant et avec la lettre.

37 — Portraits de personnages de l'antiquité, d'après Garnerey, in-32. 63 p. avant la lettre, remargées in-8.

38 — Portraits de la même suite. 53 p.

39 **Denon.** Portraits et Sujets lithographiés. 15 p.

40 **Dequevauviller.** Portraits divers. 21 p., plusieurs avant la lettre.

41 **Desrochers.** Recueil de Portraits des personnes qui se sont distinguées dans les Armes, les Belles-Lettres et les Arts, ainsi que la famille royale de France et autres Cours étrangères. 450 p.

42 **Devéria** (Ach.). Son Portrait lithogr. par lui-même.
in-fol. Très belle ép. sur chine.

43 — Victor Hugo. Très belle ép. sur chine.

44 — Alexandre Dumas assis sur un canapé. — Lamar-
tine. — Alfred de Vigny. 3 p., belles ép.

45 — Camille Roqueplan. — David d'Angers. — Léon
Noël. — Henry Herz. — Régnier, du Théâtre-Français. — Tamburini, etc. 8 p., la plupart sur chine.

46 — Berthe Devéria, âgée de sept mois. — Mme Devéria.
— Mlle Amigo. — Mme Eckerlin, du Théâtre-Italien. —
Mlles Juliette et Judith Grisi. — Marie Isabelle, in-
fante d'Espagne. — Dona Maria, reine de Portugal.
8 p. sur chine et sur blanc.

47 — Bougeard, imprimeur. — L.-J. Cadier. — Ca-
truffo. — Le comte de Coetlosquet. — A. Aug. Dumas. — François Ier, roi des Deux-Siciles. — Gervais.
— Henrion de Bussy. — Henri Herz. — Kœchlin. —
Lemercier, imprimeur. — J. Lopez Pinto. — Le Fils
de Paganini. — Camille Roqueplan, etc. — Costumes.
26 p.

48 **Devéria** (D'après). Collection de vingt-cinq Portraits
pour illustrer les *Lettres de Mme de Sévigné*, in-8.
Très belles ép. avant la lettre sur chine. Grand papier.

49 — La même suite. Ép. avant la lettre, papier blanc
(manque une pièce).

50 — La même suite, 5 p. à l'eau-forte pure.

51 — Marivaux, Piron, Delrieu, Raynouard, etc. in-8.
12 p. dont 9 avant la lettre.

52 — Portraits en pied et Costumes, in-8, 24 p. avant
la lettre, la plupart sur chine.

53 **Devritz**. Portrait de Michel Lasne, graveur. 4 p. dont deux avant la lettre.

54 — Théroigne de Méricourt. 4 p. dont deux avant la lettre.

55 **Dien** (M.-F.). Portraits de d'Aguesseau, d'Argenson, le comte de Bouillé, H. Cochin, de Ferrières, Mme de Grignon, Mme de La Marche, en couleur, Mme Roland, le comte de Ségur. 9 p. avant la lettre, sur chine et sur blanc.

56 — Le comte de Bouillé, Le Dante, Dumouriez, E. Gatteaux, l'abbé Caron, le maréchal de Luxembourg, etc. 12 p. avant la lettre.

57 — Portraits du baron de Bésenval, Boileau, Bonchamps, Carnot, Mme Campan, Alex. Dumas, Jorniac Saint-Méard, Malherbe, Guitaud, d'Héricourt, Mme de Staël, Van der Burch, etc. 36 p., très belles ép.

58 — Le comte de Choiseul-Gouffier, d'après Boilly, avant et avec la lettre. — Fernando VII, roi d'Espagne. — Lacordaire. 4 p. in-fol.

59 **Duchemin** et **Villeneuve**. Jean-Paul Marat. — Lepelletier de Saint-Fargeau. 4 p., dont deux en couleur.

60 **Dupréel** et **Delvaux**. Le baron de Longepierre, Chevillet de Champmeslé, Gentil-Bernard, Jeanne d'Arc. 4 p., belles ép., toute marge.

61 **Ethiou** et **Fauchery**. Portraits de Bossuet, Boufflers, Millevoie, Mirabeau, Montesquieu, etc. 20 p. avant et avec la lettre.

62 **Flameng** (Léop.). Marie-Louise, d'après Prudhon, 2 p. sur chine, dont une avant la lettre.

63 **Gaucher**. Buffon, Fénelon, P. Gérard, Métastase, Racine. 5 p.

64 **Gavarni**. Portraits de la duchesse d'Abrantès Arnal, Henry Berthoud, G. de Lanoue, H. Monnier, Thénot, etc. 13 p.

65 **Girardet** (Abr.). Son portrait, avant et avec la lettre, Médaillon de Henri IV et Louis XVIII, la Famille royale au tombeau de Louis XVI, etc. 6 p.

66 **Grévedon**. Portraits de femmes, grand in-fol. 32 p.

67 **Henriquel-Dupont**. Portrait de André Chénier. Ép. avant la lettre sur chine.

68 — Mme Feuillet de Conches. Ép. d'artiste su, chine.

69 — Michel de Montaigne. 3 ép., dont deux avant la lettre.

70 — Le baron de Pastoret, d'après Paul Delaroche. Eau-forte pure.

71 — Rachel, avec l'adresse de Goupil et celle de Cadart. — L'Entrée d'Henri IV à Paris, avant la lettre. 3 p.

72 — Eug. Buttura, Alex. Desenne, Le Brun, Mme de Mirbel, Normand, architecte, Carle Vernet. 7 p.

73 **Hillemacher** (Fr.). Portraits de Violonistes, gravés à l'eau-forte. 12 p.

74 — Portraits divers et sujets gravés à l'eau-forte. 10 p.

75 Hourdain. Louis XVII,—Marie-Thérèse Charlotte, duchesse d'Angoulême. 2 p. en bistre, toute marge.

76 Isabey (J.). Portraits de Sophie Gail, la comtesse d'Osmond, le comte d'Albignac, Évariste Parny, Ab. Dubois, Villeau, le fils d'Isabey, etc. 22 p. lithogr.

77 Jacquemin (C.). André Chénier, d'après H. Dupont, in-8. 3 p. dont deux avant la lettre.

78 — Xavier de Maistre, d'après Saint-Germain, in-8. 3 p., dont deux avant la lettre.

79 Johannot (Tony). Mme de la Sablière, d'après Colin. 4 ép., dont trois avant la lettre.

80 Kohl (Cl.). Barbe, princesse Gagarin, née princesse Galitzin. — Serge, prince de Gagarin, d'après Posch, in-8. 2 p., très belles ép., toute marge.

81 Langlois (P.-G.). Portrait de Mme du Chatelet. d'après Mlle Loir, in-8, 2 p., dont une avant toutes lettres, la tablette blanche.

82 — Marie-Élisabeth Joly, du Théâtre-Français, in-4. Très belle ép. avant toutes lettres, la tablette blanche.

83 — Pierre Ier, empereur de Russie, in-4 et in-8. 4 p., dont deux avant toutes lettres, la tablette blanche.

84 — Jean-Jacques Rousseau, d'après La Tour, in-4. 2 ép. avant toutes lettres, dont une avec la tablette blanche.

85 — Portrait de Voltaire, d'après La Tour, in-4. 2 p., dont une avant la lettre, toute marge.

86 **Langlois**. Frédéric II, Vertot, in-8, Fontenelle, in-4. — 2 —
7 p., dont cinq avant la lettre.

87 — J.-J. Barthelemy, Jean Garrel, le Dominiquin, — 2 —
in-4. 8 p., dont deux avant toutes lettres.

88 — L'Éducation badine, d'après Schalken. 3 ép., dont — 2 —
deux avant la lettre.

89 **Le Mire** (N.). Poullain de Saint-Foix, d'après Pou- — 2 —
gin de Saint-Aubin. Très belle ép., toute marge.

90 **Lépicié** (B.). Portrait d'Antoine Watteau, d'après — 7 -10
lui-même. Belle ép., toute marge.

91 **Lignon** (F.). Portrait de Molière, d'après Frago- . 8 —
nard fils, pour la suite de figures, d'après Horace
Vernet, in-8. Très belle ép. d'artiste sur chine, toute
marge.

92 — Camoëns, Louis-Philippe, Louis, Grand-Duc de — 9 —
Bade, Sainte Cécile, d'après le Dominiquin. 4 p.,
belles ép.

93 **Louis** (A.). Portrait de M. Henriquel-Dupont, d'a- — 4 —
près Paul Delaroche. Ép. d'artiste sur chine.

94 **Mercury** (P.). Son portrait, d'après lui-même. 2 ép. — 10 —
d'essai.

95 — Portrait de Mme de Maintenon, d'après l'émail de — 32 —
Petitot. Ép. de la première planche, toute marge.

96 — Mme de Maintenon. Très belle ép. de la deuxième — 19 —
planche, avant la lettre et avant l'entourage, sur
papier de chine, toute marge.

97 — Torquato Tasso. Très belle ép. sur chine. — 10 —

98 **Méryon** (Ch.). Son portrait assis sur un lit, par — 6 —
Flameng. Belle ép.

99 Méryon. Louis-Jacq. Bizeul. — Évariste Boulay-Paty. 2 p., toute marge.

100 — Benjamin Fillon. — Guérault. 2 p., très belles ép. sur chine volant.

101 Morghen (Raph.). Domenica Volpato Morghen, in-8. Très belle ép. avant toutes lettres.

102 — Raphaello Morghen, d'après lui-même. — Le Prince de Metternich. — L'archiduc Ferdinand III. — Alessandri. 4 portraits, de profil, belles ép.

103 — Saint Philippe de Neri. — Déodat Turchi. 2 p., belles ép.

104 Niel. Portraits des personnages français les plus illustres du xvi° siècle, reproduits en fac-simile des dessins originaux. 36 p. en couleur.

105 Odieuvre. Portraits de la suite d'Odieuvre. 242 p. du 1er état avant que l'adresse ait été effacée.

106 — Portraits de la même suite. 466 p.

107 Pauquet. Portrait de La Fontaine, in-4 et in-8. 5 p. dont trois avant la lettre et une à l'état d'eau forte.

108 Pauquet et **Dupréel**. Bossuet en pied, d'après Rigaud, in-8. 3 ép. dont une avant la lettre et une à l'eau-forte pure.

109 Pauquet, Ribault, etc. Portraits en pied, d'après Isabey et Percier pour le *Sacre de Napoléon I*er, in-fol. 18 p., avant la lettre et à l'état d'eaux-fortes.

110 Pauquet, Sixdéniers, etc. Marie Stuart. — Le Tasse et la Princesse Léonore. — Louis XIV et Lavallière. — Bianca Capello. — Properzia de Rossi. — Valentine de Milan, etc., d'après Ducis et autres. 17 pièces, dont treize avant la lettre.

111 **Pollet**. Alfred de Musset, d'après Landelle. 2 p. sur chine, dont une avant la lettre.

112 **Pradier** (C.-S.). Portrait de Horace B. de Saussure, d'après Saint-Ours. 2 p., dont une à l'eau-forte pure.

113 — La Reine Hortense, d'après Gérard, ayant la lettre. — Don Pédro de Souza Holstein. 2 p., toute marge.

114 **Reynolds**. Portrait de Béranger, d'après A. Scheffer, in-8. — Le même portrait, in-fol. 3 p., dont deux avant la lettre.

115 **Ribault** (J.-F.). Bernardin de Saint-Pierre, d'après Lafitte, in-4. 2 ép., dont une avant la lettre.

116 **Roger** (B.). Portraits de Bossuet, Camoëns, Gresset, Hamilton, Lesage, Massillon. 6 p., avant la lettre sur chine.

117 — Bossuet, Camoëns, Th. Corneille, Fléchier, Gresset, Hamilton, Lesage, Massillon, Pascal, Mme de Tencin. 12 p. avant la lettre.

118 — Portraits d'auteurs et autres. 25 p., belles ép.

119 — Portraits de Mme de Lavallière, Mme Elisabeth, Marie de Médicis, Marie Leckzinska, Henri IV, etc. 9 p. avant la lettre et lettres grises.

120 — Maison de Bourbon, depuis Henri IV. 48 p. in-8.

121 — Fr. Doublet, médecin. — Louis de Cessart. — Noverre. — Reybaz. — Le comte de Rumford. — Jean de Winter. 7 p., dont deux avant la lettre.

122 — La famille Rechteren. — Le vicomte Boringdon. 4 p., dont une en couleur.

123 **Rousselle**. Portraits gravés à l'eau-forte, pour *le Chansonnier historique*. 10 p. avant la lettre.

124 **Ruotte**. Le général Berthier, Daleyrac, Furtado de la Gironde, de Piis, Santo Tessary. 5 portraits, le dernier est avant la lettre.

125 **Saint-Aubin** (Aug. de). Portraits de Diderot et d'Alembert entourés des autres auteurs de l'Encyclopédie. Très belle ép.

126 — Fénelon, entête de page. Belle ép.

127 — Henri IV, d'après Porbus. 4 ép. en états différents.

128 — François-Réné Molé. 2 ép., dont une avant l'adresse.

129 — Louis-Philippe, duc d'Orléans; frontispice de la *Description des Pierres gravées du duc d'Orléans*, in-4. Très belle ép., toute marge.

130 — Joseph Pellerin entouré de médailles, in-fol. Belle ép.

131 — Benjamin Francklin. — Ant. de Parcieux. — André Philidor, état non décrit avec : *Né à Dreux, le sept septembre mil sept cent vingt-sept*. 3 p, belles épreuves.

132 — J.-J. Barthélemy. — Gluck. — Maleteste. — Monnet. 5 p., belles ép.

133 — Fénelon. — Jérome de La Lande. — La Motte-Piquet. — Marc-Réné de Montalembert, Fr. Réné Molé. — Necker, in-fol. 6 p.

134 — Portraits tirés de l'édition de Voltaire de Renouard, in-8. 28 p. Belles ép. avant l'adresse.

135 — Portraits in-18 et à claire-voie. 12 p.

136 **Sichling**. Portraits de Gluck, Humboldt, Klops-
tock, Tieck, Winkelmann et autres. in-4. 14 p.

137 **Simonet** (Adr.). Portrait de Voltaire, in-8.
3 ép. à l'eau-forte pure, dont une terminée à la
sépia.

138 **Sisco**. Portrait d'Ingouf jeune, graveur. 4 ép. dont
deux avant la lettre.

139 **Tanjé**. Portrait de Rabelais, in-4. Très belle ép.
avant toutes lettres.

140 **Tardieu** (Alex.). Huber, traducteur de Gessner.
— Benjamin Francklin, in-18. 2 p. avant ta lettre.

141 — Stanislas Auguste, roi de Pologne, in-8. 2 belles
épreuves, dont une à grandes marges.

142 — Marie-Antoinette, en Vestale, d'après F. Dumont.
Belle ép. toute marge.

ŒUVRE DE QUÉNÉDEY

143 **Portraits de femmes**. *Révolution*. Mme et
Mlle Aladane, Mlle Albertine, Mlle Archimard, Mme et
Mlle d'Aulnoy. 5 p.

144 — Mme Bailly, Mme de Bastide, Mlles de Beaumanoir,
Mlle Bellart, Mlle Adèle de Bellegarde, la comtesse de
Béon, la comtesse de Berg, Mme Berguin, Mme Bic-
ker, Mme de Boissecal, Mme de Bonneval, Mme de
Bourmont, Mlles de la Briffe, Mme de Brondes, Mme de
la Bruchoterie, Mlle de Bruges. 18 p.

145 — Mme Capelin, Mme de Caranos, Mme de Caro, Mlle de Caze, la baronne de Celles, Mme Chamois, la baronne de Chatillon, la comtesse de Chatulay, Mme et Mlle Chauchat, Mme de Chaumont, Mlle de Chimay, Mlle Clérissan, Mme Clérisseau, Mme de Clermont-Tonnerre, Mme de Coattrel, Mme Collet, Mme de Comore, Mlle de Corberon. Mme de Courmont. 20 p. dont deux en couleur.

146 — Mme Dauzai, Mme David, la comtesse Delaistre, Mme de Place, Mme Desbrosses, Mlle Deschampsneufs, Mme Deville, Mme Diamy, Mme Donillard. Mme de Dormy, Mlle Dubreuil, Mme Duchizel mère, Mme Michel Ducluzel, 13 p.

147 — La comtesse des Ecotais, Mme d'Eon. — Mme Ferrand, Mme Flancon, Mme de Fonville. 5 p.

148 — Mlle Gauthier de la Chapelle, Mme de Gayen. Mlle Alex. Gérard, Mme Grandin, Mme Guillebert. — Mlle Hercey, la princesse de Hesse. — Mme Jannard, Mme de la Jonchère, la baronne de Jumillac. — Mme Kornmon. 11 p.

149 — Mme Labbé, Mme La Combe, Mlle Le Boulanger, Mme Leclerc, Mme Lefèvre. 5 p.

150 — Mlle de Margency aînée, Mlle de Margency cadette, Mlle Martin. Mme de Masse, Mme de Maupeou, Mme Melan, la présidente Ménoire, Mlle Michelot, Mme Miller de Précaré, Mme de Montbret, Mme de Montezeaux, Mme de Montlevit, Mme Morgan. — La duchesse de Narbonne. Mme Olivier. 16 p.

151 — Mme Perénon, Mme Perrier, Mlle Perrot, Mme Petit, Mme de Pharemont, Mme de Pierre, Mme de la Ponce, la princesse Poniatowska, Mlle Pouillande, Mme Prévost, Mlle Priandy. 11 p.

152 — Mlle Raponse, Mme de Reichteren, Mme Reinehard,
Mme Renaud, Mme Reveld, Mme Robinot, Mme Rochard,
Mme et Mlle de Romilly. 9 p.

153 — La Comtesse de St-Félix, Mme St-Huberty, la princesse de Salm, Mme Salom, Mme Savin, Mme Schwendt,
Mlle Scott, Mme de Sénac, Mme Signi, Mme Solet, la
princesse de Sore, Mme de Survillers, la marquise de
la Suze. 15 p.

154 — Mme Thiéry, Mlle du Tremblay. — Mlle Valcourt,
Mme de Valdemier, Mme Vanhove, Mme de Verdun,
Mme de Villiers, Mme et Mlle Vincent, Mme de Viterne,
Mme Vossé. — Mme Wanderkune jeune. — Mme Yvon.
13 p.

155 — Portraits de femmes de l'époque du Directoire,
sur fond blanc, sans noms. 30 p.

156 — Portraits de femmes de l'époque du Directoire,
sur fond noir, sans noms. 15 p. dont une en couleur.

157 — *Empire.* Mme Alverel, la comtesse d'Anglas,
la princesse d'Aremberg, Mlle Aresi, Mme Aschtin.
6 p.

158 — Mme Béju, Mme de Belzunce, Mme de Bétham,
la Princesse de Béthune, Mme Bianchi, Mme Bracken-
hasser, de Strasbourg, Mme et Mlle de Brancamp,
Mme de Broeck. — Mme Calvino, Mme Crespel. 14 p.

159 — Mme Debucourt, Mlle Devrient, Mme Dubois,
Mme Dufrénoy. — Mme Esprit. — Mlles Fabricius, la
duchesse de Frias. — Mme Habry, Mme Hugé. —
Mme Jacob. — Mlle Kérender. 13 p.

160 — Mme Lamome, Mme Lefortier, la comtesse de Lubow. — Mlle Marianne, Mlle Maset, Mme Mercy d'Argenton, la comtesse Monte-Cassini, Mme Morel. — Mme de Passeck, Mme Plancon, Mme Préville. — Mme Rigano. 13 p.

161 — Mme St-Elme, Mme Salambier, la Princesse de Santa Croce, Mlle de Sennones, Mme Sirvin, Mme Smith, Constance Smith. 8 p.

162 — La Baronne de Tirelles, la comtesse Trastemoes, Mmes de Trothage. — La baronne Vanthylen, de Strasbourg, Mme de Velho, Mme de Villane, la baronne de Villmann, Mme Voss. — Mme Wéry, de Valenciennes 10 p.

163 — Portraits de femmes anglaises, polonaises, russes, allemandes, avec les noms. 12 p.

164 — Portraits de femmes de l'époque de l'Empire, sans noms, 100 p.

165 **Portraits d'hommes**, *Révolution*. Le marquis d'Aigremont, d'Alency, Amable, Amelot de Chaillou, Amet, André, Andrieux, Androuin, d'Angui, Antoni d'Arjuzon, d'Arthenay, Aubertin, Auberry d'Avignon, Auberry de Conflans-Saint-Honoré, le comte d'Auray, d'Aston, le chevalier d'Avey, Aviat. 21 p. dont une en couleur.

166 — Le Baillif du Temple, de Bailly, Baizé, Bapst, Barbier, Comte de Barrajas fils, Bauny, le marquis de Bavalon, Bayour, Bazard, de Bazin, de Beaulieu, de Beauterne, Beauvisage, de Béhague, Bellet, Bellevue, Benoist, Bérard, Berchmeyer, Bertschinger, de la Bigue, Binand, l'abbé de Biré, Blanc, Blanchard, Blanchet, Blot. 32 p. dont deux en couleur.

167 — De Boisbrunet, Boisssau, Bonamy, Bonart, Boné,
Bonnard, de Bordenave, de Borel, Borel jeune,
Bouchesnier, Bouchot, Bourgogne, Bouvenot, Mar-
quis de Brauté, de Bray, Brière, de Brint, de Bro-
card. Brouckère, de Broudes, de la Buchoterie, de
Brucy. 22 p. dont deux en couleur.

168 — De Cadole, Cadot, Cadou, Cahard. marquis de
Caillebot, Calas, de Calvière père et fils, Campan,
de Capellan fils, Carlier, de Carput, Castaing, Castel,
Catelan, Chabot, Chaillou, Chambon, Charcot de
Franclieu, Charles, de Charnois, Chassering, de
Chateauville, de Chatelano, de Chatenay, Gabriel,
Chauchat, Chaumont-Guitry, de Chemault, Che-
pault, de Chiffrevast, Choret, Chouteau, Clavering,
Clouet fils. 34 p. dont deux en couleur.

169 — Coquebert, Colas de Boureilles, le comte de
Colbert, Colignon, marquis de la Colonilla, de Con-
dois. Coopmans, de Corancey et ses fils, Cordier, de
Cordis, de Courcelles, Couturier, Armand de Crest,
Crousté. 19 p. dont trois en couleur.

170 — Dandilly, Chevalier Danneville, Danniels, Dar-
banmont, Darthes, le président Dasneval, Dassy,
Decaro, Decluzel, Delacraye fils, le Président de
Delley, Delmas, Denys de Vitré, Deplace, Desclos,
le chevalier Desgraviers, Desnoux. Desprades, Des-
tourbet, Destours, Desvieux, Deschgoyen, Deur-
brouc, Devaux, Devillers, Didelot, Didier. 33 p.

171 — Doligny, officier, Dolle, lieutenant-colonel de la
garde nationale de Grenoble, Domaranzac, Donnec,
Dorieult, Doulet, le Chevalier de Drucourt, Dubern,
Dubois, curé de Troyes, Dubreton, Duchesne, Du-
cluzel, Dufresne, Duguerkron, Dulon, Dupant,
Duparc, Dupont, Dupoujet, Dupoux, Duprich,
Durand, Dusaussoy, Duval d'Épréménil. 26 p.

172 — Ebeling, le Comte d'Ecquevilly, Edouard, Eloïse, Ertault, Ertault cadet, le marquis des Essarts. 7 p.

173 — Ferraud, de la Fleurie, de Fontenay, Forcade, de Fougères, Fournier, Frémin, 8 p.

174 — Gaidé, Garnier, Gastellier, l'abbé Gaudin, Gay, Genevoix, de Genistousé, Geoffroy, Gérard, Gérard neveu, Ed. Gérault, Gerdrit, Gethaye, Giard, de Gigis, Girard, Giraud du Plessis, Gonord, Gorand, Goubot, Gougenot des Mousseaux, Gourg, l'abbé de Grainville, de Grimm, Guenin, Guérin d'Agonière, Guillaume, de Guillermy, de Guimps, l'abbé de Guyenne, Guyot. 32 p., dont une en couleur.

175 — De la Haye, d'Heissecourt, le chevalier d'Hémard, Hertzog, Hogguer, Homberg aîné, Honner, Hovy, Hucherot, Huguet, Huquier, l'abbé d'Huteace. 13 p.

176 — Jacgent, Jacob, Jolivet, Journet aîné, Journet cadet, de la Judie, Julian de Bordeaux, de Jussine, — Kornmann, Kunkel. 10 p.

177 — Labaumelle Senorest, de La Borde jeune, de La Bourdonnaye, de la Bruyère, Lacaze, Lacoux, le chevalier de La Fontaine, Lambert, Landon, de Lange Wyngaerden, de Large, de Larin, de Larocque, de Laroy, La Tour, Latournelle, de La Tude, le marquis de Launey, Lavilette, J. Law, Leblanc, Leboulanger, Lechavoy, Leclerc, l'abbé Le Croizier, Lefèvre, Legrand, Legras, Le Jollivet, Leleu, Le Magny, Lemarchand, l'abbé Lemercier, Le Normant du Cémoix, de Lesporda, Levau, Lewarts, l'abbé de Lille. 47 p., dont deux en couleur.

178 — Lobkoff, de Longchamps, de Loriagues, de
Lorme, Louis, de Luce, de Lucey, Luckner, Luna-
dier, Henry Luring. 11 p., dont une en couleur.

179 — Macari, de Macault, de Maine, Maisonuade, de
Mandol, Mangon de la Forest, Marchal, Marchand
père et fils, Marco de Saint-Hilaire, de Margency,
Marineau, l'abbé Martin, Maskoff, Massias, Matherot
de Carmeil, Mazois jeune, de Melleray, Mengault, de
Meslay, Mesnard, Mesnard de Brouard, Meyer,
Mibran, Michel, Miller dè Précaré, de Mimac, Mi-
nier, de Minut. 35 p., dont une en couleur.

180 — Molini, Molinos, de Mondian, Monneron, de Mon-
tail, prince de Montbazon, de Montlevaux père et
fils, Monton, de Mont-Pigal, Morand, Moreau, Mo-
risot, Morot, marquis de Mortague, Motés neveu, de
la Mothe, Muiron. 18 p., dont une en couleur.

181 — De Nairac, de Nazelles, de Noël, de Nossay, —
Olivier, L. d'Osterwald. 6 p.

182 — Pagès, de Pantigny, Patrick-Ferrière, Paviot,
Payen, Perenon, Pernon, Perrot, Persons, Peru-
chaud, Petit, marquis de Peuilles, de Pharemond,
Pichault fils, Pieron, Pierret, maire de Reims, Pin-
china, Pinel de la Taule, Pipelet père, Piret, Plisson.
Portan, Pottemain, le chevalier Th. de Pressigny.
Prost, comte de Pymont. 32 p., dont quatre en cou-
leur.

183 — De Rajac, de Rasseline, Rayet, de Rechteren, de
Récicourt, Rembault, Renaud, de Rencourt, Rey-
mond, Ribiera, comte de la Richardière, Richard le
Russey, de Dijon, Ricourt, de Riubly, l'abbé Robert,
Rochard, de la Roche, Rochette, Rolin, Rolland, de
Rootz, Roson, Rouge, Roze, de Rumigny. 26 p. dont
une en couleur.

184 — Le Comte de Saint-Astier, le chevalier de Saint-Cloud, de Saint-Haulde, de Saint-Guirons, de Saint-Just, le vicomte de Saint-Priest, de Saint-Victor, de Salès jeune, le chevalier de Salmon, de Sames, le comte de Sampigny, le marquis de Samson, de Sanois, Schwendt, de Sentis, Seon, de Septmaisons fils, de Sivry, Solet, Sont, de Soret, le comte de Sorizac, le comte de Souilhié, Staport, Stewart, de Surbeck. 27 p., dont deux en couleur.

185 — Tascher aîné, Tascher cadet, l'abbé Thironen, Thiroux, Ant. de Thorme, Tillut, Tonnelot, Tourolles, de Tréfonds. Tremblay, de Trésy, Tronet, de Trudelle, Truttat, le comte de Turpin. — Le chevalier de Urbina. 17 p., dont une en couleur.

186 — Vair, le marquis de Valory, Vannier, Vannin, Varsavaux, l'abbé de Védel, Vérien, de Vernes, de Vialis, Vibrac, de Vicq, de Vienne, de Vigneron, Vilers, de Villemagne, de la Villeneuve, Vincent, Vincent de Nîmes, de Virey, de Viterne, de Vitermont, Voles. — Comte de Walsh, Weiss fils, Winter. 28 p., dont deux en couleur.

187 — L'Évêque du Puy, l'évêque de Ruremonde, l'évêque de Sarlat, l'évêque de Sisteron. 5 p.

188 — Portraits d'hommes de l'époque de la Révolution, sur fond blanc, avec numéros. 22 p.

189 — Portraits d'hommes, sur fond noir, avec numéros. 56 p.

190 — Portraits d'hommes, sur fond blanc, sans noms. 53 p.

191 — Portraits d'hommes, sur fond noir, sans noms. 30 p., dont cinq en couleur.

192 — Portraits anglais, allemands, hollandais, espagnols. 10 p., dont quatre en couleur.

193 — *Empire*. Albeniz, professeur de piano, d'Alouzy,
C. Amanton, Alari, le baron Alberti, Ardouin, Areste.
7 p.

194 — Ballu de Garnier, Barthelmy, Bayer, Bazile,
Bégond, Béguin, de Béthune, le prince Biren
de Courlande, Bligny, Boillot, Booz, Bordereau, Bo-
namé, Bouvier, Breton, Brousse. 16 p.

195 — De Canouville, le baron de Cazier de Tournay,
Chalu, Charbonnet, Chauvel, Chevel, Chézeau, Chic-
tais, Chiret, Claudin, de Cléry, Cléry de Corberoff,
de Combray de Falaise, Comer Roubeau, Comettes,
Copin, Corda, le comte Coroneire, Cottin, Courtois.
22 p.

196 — Dallemagne, de Danne d'Angers, Dannecroix,
Daud, L.-M. David, Decaen, Dehément Saint-Félix,
Dein, Demetz de Thorigny, Deminiac, Deshantes de
Lyon, Desmarets, Deval, Dollé, Doriocourt, Dubois
de Cheman, Dubray, Duclos, médecin de Versailles,
Dufour de Mâcon, Durand. 21 p.

197 — Le comte d'Espictières, d'Etoguegnis, — de
Fameron, Ferrand, Fleury, Fournier, Friant, Frois-
sart, le baron de Furstemberg. 10 p.

198 — Gailher, Gaillardeu, Galais, professeur de mu-
sique, Galbaud, Gall, Galline, Garnier d'Alonzier,
Gastellier de Lyon, Gauthier, Gattier, Gendebien,
Germain, Girard, Godegrand Mellet, Gontaut de
Biron, Gothaëls, Grados père, H. Guyot. 19 p.

199 — Haber, Hernier de Strasbourg, Hopper, Hugot, — Jacob, de la Jacqueminière, Jaime, Jalot, Jourdain, de Jousserand, — de Kauffmann. 11 p.

200 — Labastide, Lacoste, Lamarque, Laquain, La Vallette, Law, Le Blanc, Le Clerc, Lecler Surivaux, Le Déant, Le Marchand, Lemmessent, Letort, Le Tourneur, Lhuillier, Louis XVIII, Lucas, 19 p.

201 — De Macey, Mahoudot, Mailhe, Malavoye, Malet de la Coste, de Marcenay, Marchand père et fils, Maret, Marguerite, Martineau, de Maupas père et fils, Mauriet, Maury, Michaud, Michelin, de Miniac, Miré, de Miremont, Monlaur, de Monsiaus, de Montagnac, de Monval, Morel, Mottard père et fils de Lyon, Muster. 31 p.

202 — Naudeville, Neyman, And. Nouvel, — Parrot, Peyrusse, Picart, le comte de Pimodan, Portalis, Poullet de Laon, le colonel Pourailly, Prévôt. 14 p.

203 — Rey de Nîmes, Richardon, Richomme, de la Roche, Rousteau de Forcalquier, de Rouvray. 6 p.

204 — De Saint-Rospert, Salambier, Schirmann de Nantes, Serrurier, Simon, le comte de Sion, Sorague, le baron de Steinmetz, — le chevalier de Tarade, de Tauzia de Bordeaux, Tessier, du Tremblay. 12 p.

205 — De Vergennes, de Vérin, Vesian, Vial, Victor, acteur, Vieillard, de Vignacourt, Villatte, de Villebois, Vincent. 11 p.

206 — Portraits anglais et américains, avec les noms des personnages. 18 p.

207 — Portraits allemands, danois, italiens, espagnols, polonais, russes, avec les noms. 74 p.

208 — Portraits d'hommes avec légende. 12 p.

209 — Portraits d'hommes de l'époque de l'Empire, sans noms. 53 p.

PORTRAITS EN LOTS

210 — Portraits de Louis XVI et de sa famille, gravés et lithographiés. 31 p.

211 — Portraits de Molière et de La Fontaine. 24 p.

212 — Portraits de Napoléon Ier et de personnages de sa famille. 53 p., plusieurs avant la lettre.

213 — Portraits de Rousseau, anciens et modernes. 33 p.

214 — Portraits de Voltaire. 15 p.

215 — Portraits de la reine Victoria et de personnages anglais, gravées et lithographiés. 14 p.

216 — Portraits de saint Vincent de Paul, anciens. 9 p.

217 — Portraits de personnages de l'époque de la Révolution. — Portraits anciens en couleur. 16 p.

218 — Portraits gravés par de Larmessin, avec texte au verso. — Portraits de personnages célèbres gravés au trait. Environ 200 p.

219 — Portraits des comtes de Hollande et autres personnages célèbres, gravés par Flipart. 37 p.

220 — Portraits et Allégories, gravés à la manière du crayon, par François. 79 p.

221 — Portraits de personnages célèbres d'après Desrais, gravés par Benoist, Lecœur, etc. 76 p.

222 — Portraits de généraux et personnages célèbres en pied, d'après Bosio. 44 p.

223 — Portraits lithographiés et gravés, tirés du journal l'*Artiste*. 214 p.

224 — Portraits tirés de la *Galerie de Versailles*. 332 p.

225 — Collection Lamy-Denozan, in-32. 86 p., plusieurs avant la lettre.

226 — Portraits gravés dans l'école de Calamatta. 17 p., presque toutes avant la lettre.

227 — Portraits de Gilbert, Pascal, Fielding, J.-B. Rousseau, in-18. 134 p. à deux sur la feuille, en nombre.

228 — Portraits d'auteurs et de personnages célèbres, anciens, in-8. 25 p.

229 — Portraits du xviiie siècle. 16 p., plusieurs rares.

230 — Portraits anciens avant la lettre. 19 p.

231 — Grands Portraits anciens et modernes gravés. 24 p., dont plusieurs avant la lettre.

232 — Portraits anciens, in-fol. 31 p.

233 — Portraits divers, la plupart anciens, in-fol. 80 p.

234 — Portraits divers anciens, in-4 et in-8. 120 p.

235 — Portraits anciens et modernes gravés, in-fol. 28 p. Très belles ép., plusieurs sont avant la lettre.

236 — Portraits modernes gravés, auteurs et personnages célèbres. 16 p. avant la lettre.

237 — Portraits d'auteurs et autres, in-8. 68 p. avant la lettre et à l'état d'eaux-fortes.

238 — Portraits d'auteurs gravés, in-8. 150 p., plusieurs avant la lettre.

239 — Portraits d'auteurs, de savants, d'artistes, musiciens, médecins, généraux, etc., gravés. 29 p.

240 — Portraits de femmes, gravés et lithographiés. 35 p.

241 — Portraits modernes, gravés. 58 p. avant la lettre.

242 — Portraits modernes, gravés. 38 p. avant la lettre, et à l'état d'eaux-fortes.

243 — Portraits modernes, gravés, in-4 et in-fol. 61 p., plusieurs avant la lettre.

244 — Grands Portraits gravés à la manière noire. 6 p. avant et avec la lettre.

245 — Portraits gravés et Sujets divers, in-fol. 80 p.

246 — Portraits russes, gravés, in-8. 9 p.

247 — Un Album, contenant environ 300 petits Portraits.

248 — Portraits de la suite de l'expédition d'Égypte, Costumes en pied des personnages célèbres, depuis le moyen âge jusqu'à nos jours, Rois et Reines de France, Chronologies. Environ 400 p.

249 — Portraits divers, gravés et lithog. Sujets de l'histoire de France, Médailles. Environ 400 p.

250 — Portraits de petit format, gravés et lithogr. Environ 400 p.

251 — Portraits lithog. par Eug. Delacroix, Jul. Boilly, Crépy le Prince, J. Gigoux, Grenier, Grevedon, Eug. Lami, Maurin, Léon Noël, Horace Vernet, etc. 52 p., dont plusieurs rares.

252 — Portraits lithographiés par Boilly, Colin, Denon, L. Dupré, Fragonard fils, Hesse, Julien, X. Leprince, Madou, Mauzaisse, Pajou, Scheffer, Singry, Horace Vernet, Vigneron, etc. 119 p.

253 — Portraits de personnages historiques de la Restauration et du règne de Louis-Philippe, lithogr. in-fol. 110 p., plusieurs sont rares.

254 — Portraits lithog. par Sudré, Mauzaisse et autres, Feuilles de Médailles. Environ 150 p.

255 — Portraits d'Actrices et de Personnages célèbres, lithogr., grand in-fol. 51 p., plusieurs rares.

256 — Actrices, Avocats, Députés, etc., lithogr. Environ 150 p.

257 — Médecins, lithogr. 115 p.

258 — Portraits-Charges, d'après Nadar et Carjat. 60 p.

259 — Portraits divers, lithog., in-4. Environ 300 p.

260 — Portraits divers, lithogr., in-fol. Environ 200 p.

261 — Portraits divers, lithographiés, grand in-fol. Environ 250 p.

262 — Douze Portefeuilles en bon état.

Vᵗᵉ Renou et Maulde, imprimeurs de la Compagnie des Commissaires-Priseurs, rue de Rivoli, 144.   500—57007

PORTRAITS

Gravés par P.-A. Varin et Autres

POUR ILLUSTRER

LES GRAVEURS DU XVIIIᵉ SIÈCLE

ESTAMPES, PORTRAITS, VIGNETTES

PAR

M. le baron R. **PORTALIS** et **M. H. BERALDI**

Publiés par MM. MORGAND et FATOUT

1ᵉʳ VOLUME	2ᵉ VOLUME
* Anselin.	Eisen.
* Balechou.	Fragonard
* Bartolozzi.	Gaucher.
Boucher.	Gillot.
* Cars.	Gravelot.
* Chedel.	Greuze.
—	—
* Chodowiecki.	* Hogarth.
Choffard.	* Janinet.
Cochin.	* Lalive de Jully.
Debucourt.	Launay (N. De).
* Denon.	Lecomte (Marg.).
* Desrochers.	* Longueil (De).

3ᵉ VOLUME

Marcenay (De).	Saint-Aubin (Aug. de)
* Miger.	Saint-Non (Abbé de).
Moreau le jeune.	* Schmidt (G.-F.).
* Ponce.	Watteau.
Prudhon.	Watelet.
Regnault.	Wille.

Les 15 Portraits avec * gravés spécialement pour cette suite, ne se vendent qu'ensemble avant la lettre ou lettre grise.

Bistre ou Noir, 30 fr.; sur Chine, 37 fr. 50.

En Bistre ou en Noir, chaque........... **1** »
Sur Chine............................... **1 25**

Chez **VIGNÈRES**, éditeur, 21, rue de la Monnaie

Vᵛᵉ RENOU, MAULDE et COCK, imprˢ de la Cⁱᵉ des Commissaires-Priseurs, rue de Rivoli, 144.   500—57007

www.ingramcontent.com/pod-product-compliance
Ingram Content Group UK Ltd.
Pitfield, Milton Keynes, MK11 3LW, UK
UKHW021157140726
13695UKWH00005B/2174